Inhalt

Corporate Social Responsibility - Ein Erfolgsfaktor auch in der Krise

Kernthesen

Beitrag

Fallbeispiele

Weiterführende Literatur

Impressum

Corporate Social Responsibility - Ein Erfolgsfaktor auch in der Krise

C.F.Dobner

Kernthesen

- Unter Corporate Social Responsibility ist aus Managementsicht langfristig ökonomisches, ökologisches und sozial verantwortungsvolles und nachhaltiges Handeln zu verstehen.
- CSR ist freiwillig und zeichnet sich durch über die gesetzlichen Maßnahmen hinausgehende gesellschaftliche Verantwortung aus.
- Nachhaltigkeit als Unternehmensziel zahlt

sich Untersuchungen zu Folge in Form von höheren Börsenkursen oder Renditen aus und führt nicht wie häufig angenommen zu einem Interessenkonflikt.
- Mittels Integration von Corporate Social Responsibility in Managementkonzepten kann schwachen Konjunkturphasen wirksam begegnet werden.

Beitrag

Corporate Social Responsibility auf Deutsch Gemeinsame Gesellschaftliche Verantwortung ist zweifelsohne keine Modeerscheinung. Namhafte nationale DAX-Konzerne erklärten CSR bereits in den neunziger Jahren zur Chefsache.

Bei mittelständischen Unternehmen führte der Gedanke einer nachhaltigen Unternehmensführung häufig zu Konflikten mit den ökonomischen Zielen des Unternehmens. Die Praxis verdeutlicht jedoch, dass in Zeiten schwächerer Konjunktur, Managementkonzepte Wettbewerbsvorteile bringen, in denen Nachhaltigkeit eine beachtliche Rolle spielt. Dennoch ist zu erwähnen, dass sich diese mit Einsatz von Corporate Social Responsibility in aller Regel erst mittel- bis langfristig einstellen.

CSR 2.0 Gesellschaftliche Verantwortung ist Top-Management Aufgabe

Sowohl Unternehmer als auch Verbraucher fragen sich derzeit, ob die massiven staatlichen Eingriffe und Subventionen ausreichen, um unbeschadet das tiefe Tal der Finanzkrise überstehen zu können. Zuverlässige Antworten auf diese Frage gibt es sicher nicht, dennoch haben gerade sowohl kleine, mittelständische als auch große Unternehmen Möglichkeiten Verantwortung zu übernehmen um insbesondere das Vertrauen der Konsumenten zurückgewinnen zu können. Moralappelle sind dabei jedoch der falsche Ansatz, denn gesellschaftliches Engagement steht nicht zwingend unternehmerischen ökonomischen Zielen entgegen, sondern kann richtig verstanden einen enormen Mehrwert erzeugen.

CSR 2.0 lautet die Antwort auf die Frage wie Unternehmen nicht ganz uneigennützig gesellschaftliche Verantwortung übernehmen können. Darunter versteht man, gesellschaftliche Verantwortung als Teil eines Business-Modells. Corporate Social Responsibility ist als Managementkonzept daher eine Top-Management Aufgabe. Sozialpartnerschaften zwischen Wirtschaft,

Gesellschaft und Politik versprechen nicht nur langfristige Unternehmensgewinne sondern auch eine gesunde Selbstkontrolle für die spätere Generationen dankbar sein werden. (5)

Erfolgreiches Nachhaltigkeitsmanagement durch konsequente Verfolgung von Leit- und Führungsprinzipien der Corporate Social Responsibility

Leit- und Führungsprinzipien sind für ein erfolgreiches Nachhaltigkeitsmanagement unabdingbar.
In erster Linie muss ein gemeinsames Grundverständnis aller Beschäftigten erzeugt werden, z.B. innerhalb eines Leitbildes, mit dem sich jeder einzelne Mitarbeiter identifizieren kann. Diese Vorgaben müssen gleichzeitig in der Führungsebene verankert sein (sog. commitment). Im Weiteren ist die Erstellung eines mittel- bis langfristigen Verhaltensplans (sog. coordination) notwendig, der idealerweise funktionsübergreifend ausgerichtet ist. Nachhaltigkeit hat sich insbesondere auch auf den

Bereich Personalführung und Personalentwicklung (sog. culture) auszuwirken. Denn im harten Kampf um die besten Talente am Arbeitsmarkt liegt die Zukunft eines Unternehmens (sog. employer-branding). Ein weiteres Leitprinzip zur Erreichung eines erfolgreichen Nachhaltigkeitsmanagements ist eine stets transparente Kommunikation innerhalb des Unternehmens, um die Akzeptanz (sog. credibility) zu stärken. Von besonderer Bedeutung sind geeignete Kooperationen zwischen den profit und den non-profit-Bereichen eines Unternehmens Durch sie kann noch eine deutliche Effizienzsteigerung von Corporate Social Responsibility erzielt werden. Laufende Bewertungsverfahren (sog. controlling) können die Erreichung der ökonomischen und der sozialen Ziele kontrollieren und steuern. (1)

Corporate Social Responsibility ist erlernbar Geschulte Mitarbeiter steigern die Effizienz

Zwar sollte CSR unternehmensintern grundsätzlich zur Chefsache erklärt werden, dennoch ist es unerlässlich, sowohl Mitarbeiter als auch Kunden in das Konzept einzubinden, um positive Reputationseffekte erzielen zu können. Eine Umfrage unter 300 Topmanagern in Deutschland, Österreich und der Schweiz ergab, dass eine gute Reputation durch langfristige Kundenbindung auch die Umsatzentwicklung des Unternehmens stärkt.

Zwischenzeitlich gibt es sowohl an zahlreichen Hochschulen wie auch an Handelskammern CSR-Lehrgänge für Führungskräfte und Mitarbeiter. Die Schulungskosten, insbesondere im nichtakademischen Bereich, sind moderat und zahlen sich nachweislich mittel- bis langfristig für Unternehmen aus. (6)

Auch im vor kurzem veröffentlichten Leitfaden "Verantwortliche Unternehmensführung: Corporate Social Responsibility (CSR) im Mittelstand", entstanden im Rahmen der UPJ-Kampagne "Verantwortliche Unternehmensführung im Mittelstand", wird an Hand zahlreicher prägnanter und praxisbezogener Beispiele aufgezeigt, wie Unternehmen unter verantwortlicher Einbindung von Führungskräften und Mitarbeitern mittels CSR eine Unternehmensentwicklung positiv steuern können und sich so Wettbewerbsvorteile verschaffen können. Der Leitfaden führt CSR grob in vier Handlungsfeldern aus: verantwortliche Unternehmensführung am Arbeitsplatz, im Markt, gegenüber der Umwelt und im Gemeinwesen. (3)

Der Verbraucher belohnt die BSCI-Unterstützung des Einzelhandels gerade in schwierigen Zeiten

Eine Erkenntnis aus den vergangenen Wochen und Monaten ist, dass die Finanzkrise den Einzelhandel weit weniger als vorhergesagt berührt. Eine mögliche Ursache dafür könnte darin liegen, dass Verbraucher verantwortungsvolle Produktpolitik unterstützen. Denn bei nachhaltigen Produkten wurde nicht nur ein steigender Absatz verzeichnet, sondern es kam sogar zu Lieferengpässen. Bereits über 200 deutsche Einzelhandelsunternehmen haben sich bereits der so genannten Business Social Compliance Initiative (kurz: BSCI) angeschlossen, die für die Einhaltung von sozialen Standards in der Lieferkette steht.

In einer Studie richtete jüngst die Verbraucherzentrale Handlungsempfehlungen an den Einzelhandel. Dazu gehören unter anderem die Förderung nachhaltigen Konsums als Teil des Verantwortungsbereiches, die Ausweitung des Anteils nachhaltiger Produkte, ein besseres Corporate Social Responsibility Berichtswesen, der Beitritt zu BSCI und ausführlichere Informationen über die nachhaltigen Qualitäten der Produkte. Eine konsequente Umsetzung dieser Empfehlungen wirkt mittel- bis langfristig schwachen Konjunkturphasen entgegen. (7)

Fallbeispiele

Bereits in den neunziger Jahren entdeckten vor allem die großen deutschen Privatbanken Corporate Social Responsibility als langfristigen Erfolgsfaktor. Die Deutsche Bank investierte im Jahr 2007 rd. 82,2 Millionen Euro in kulturelles Engagement, wie die Kölner Kunstmesse Art Cologne, das Guggenheim Museum oder das Frankfurter Städel Museum. Die Commerzbank wendete rd. 38,8 Millionen Euro für soziale Projekte auf, wie die Aktionsgruppe Kinder in Not, die Stiftung Musikleben oder die deutschen Nationalparks. Auch die Postbank investierte einen Betrag im einstelligen Millionenbereich. Das Unternehmen unterstützte u.a. Aktion Mensch oder den Postbank Finance Award. Alle diese Banken haben in schwierigen Zeiten eines gemeinsam, CSR bleibt auch weiterhin fest in den Konzepten verankert und ist laut Aussagen der Manager von zukünftigen Sparmaßnahmen nicht betroffen. (2)

Da gesellschaftliches Engagement nicht nur größen- sondern auch branchenunabhängig und notwendig ist, haben auch andere Unternehmen längst für sich erkannt, wie zum Beispiel C&A, BASF oder General Electric die Vorteile. In den CSR-Konzepten dieser Unternehmen entwickelte sich insbesondere ein ökologischer Schwerpunkt. C&A setzt mit We C&Are auf niedrigen Stromverbrauch und auf ökologisch sinnvolle Materialien. BASF setzt insbesondere auf CO_2-arme Materialien. (4)

Weiterführende Literatur

(1) CSR - mehr als eine Modeerscheinung
aus Frankfurter Allgemeine Zeitung, 05.12.2008, Nr. 285, S. B6

(2) CSR-Maßnahmen Banken halten an sozialem Engagement fest
aus HANDELSBLATT online 15.12.2008 14:50:04

(3) Informationen zur Corporate Social Responsibility (CSR)
aus Hamburger Abendblatt, 06.12.2008, Nr. 287, S. 65

(4) Strategen entdecken CSR
aus Handelsblatt Nr. 228 vom 24.11.08 Seite 20

(5) Verantwortung als Business-Modell CSR 2.0 - ein Weg aus der Krise

aus DIE WELT, 19.11.2008, Nr. 272, S. 6

(6) Forschung zu CSR als Erfolgsfaktor
Verantwortungsvolles Wirtschaften schmackhaft machen
aus "Der Standard" vom 13.11.2008 Seite: C1

(7) CSR – Einzelhandel ist aktiv
aus LEBENSMITTEL PRAXIS NR. 022 VOM 14.11.2008 SEITE 054

Impressum

Corporate Social Responsibility - Ein Erfolgsfaktor auch in der Krise

Bibliografische Information der deutschen Nationalbibliothek

Die Deutsche Nationalbibliothek verzeichnet diese Publikation in der deutschen Nationalbibliografie; detaillierte bibliografische Daten sind im Internet über http://dnb.d-nb.de abrufbar.

ISBN: 978-3-7379-0217-5

© 2015 GBI-Genios Deutsche Wirtschaftsdatenbank GmbH, Freischützstraße 96, 81927 München, www.genios.de

Alle Rechte vorbehalten. Dieses Werk ist einschließlich aller seiner Teile – z.B. Texte, Tabellen und Grafiken - urheberrechtlich geschützt. Jede Verwertung außerhalb der Grenzen des Urheberrechtsgesetzes bedarf der vorherigen Zustimmung des Verlags. Dies gilt insbesondere auch für auszugsweise Nachdrucke, fotomechanische Vervielfältigungen (Fotokopie/Mikroskopie), Übersetzungen, Auswertungen durch Datenbanken oder ähnliche Einrichtungen und die Einspeicherung und Verarbeitung in elektronischen Systemen.